BEI GRIN MACHT SICH
WISSEN BEZAHLT

- Wir veröffentlichen Ihre Hausarbeit,
  Bachelor- und Masterarbeit

- Ihr eigenes eBook und Buch -
  weltweit in allen wichtigen Shops

- Verdienen Sie an jedem Verkauf

Jetzt bei www.GRIN.com hochladen und kostenlos publizieren

Bibliografische Information der Deutschen Nationalbibliothek:

Die Deutsche Bibliothek verzeichnet diese Publikation in der Deutschen National-
bibliografie; detaillierte bibliografische Daten sind im Internet über http://dnb.d-
nb.de/ abrufbar.

Impressum:

Copyright © 2016 GRIN Verlag, Open Publishing GmbH
Druck und Bindung: Books on Demand GmbH, Norderstedt Germany
ISBN: 9783668220263

Dieses Buch bei GRIN:

http://www.grin.com/de/e-book/322885/computerspiele-im-deutschunterricht-
didaktische-science-fiction-oder-innovativer

Vera Richter

Computerspiele im Deutschunterricht. Didaktische Science Fiction oder innovativer Lehr-Lern-Trend?

Symbolische und metaphorische Ausdrucksweise im Spiel "Limbo"

GRIN Verlag

GRIN - Your knowledge has value

Der GRIN Verlag publiziert seit 1998 wissenschaftliche Arbeiten von Studenten, Hochschullehrern und anderen Akademikern als eBook und gedrucktes Buch. Die Verlagswebsite www.grin.com ist die ideale Plattform zur Veröffentlichung von Hausarbeiten, Abschlussarbeiten, wissenschaftlichen Aufsätzen, Dissertationen und Fachbüchern.

Besuchen Sie uns im Internet:

http://www.grin.com/

http://www.facebook.com/grincom

http://www.twitter.com/grin_com

Freie Universität Berlin
Institut für Deutsche und Niederländische Philologie
Didaktik der Deutschen Sprache und Literatur

H A U S A R B E I T

im Rahmen der Lehrveranstaltung

Fachdidaktik Deutsch Basismodul

Der Einsatz von Games im Deutschunterricht –
Didaktische *Science Fiction* oder innovativer Lehr-
Lern-Trend mit Potenzial?

von

Vera Richter

Wintersemester 2015/16

Datum der Abgabe: 10.03.2016

Abstract

Die vorliegende Hausarbeit bietet einen Abriss des derzeitigen Forschungsstandes zum didaktischen Einsatz von Computerspielen im Deutschunterricht. Das bisher empirisch und pragmatisch ausgereifteste vorliegende Konzept von Jan Boelmann zum literarischen Lernen mit narrativen Computerspiele wird hierbei schwerpunktmäßig betrachtet, auf seine Praxistauglichkeit hin überprüft und an Hand eines Computerspiel beispielhaft konkretisiert.

Inhaltsverzeichnis

1 Einleitung

Die digitale Revolution bewirkt aktuell große Veränderungen in der sozialen und kulturellen Mentalität der Menschheit, vor allem durch ihre grundlegenden Auswirkungen auf die Kinder- und Jugendkultur und die durch neue Medien geprägte Sozialisation der jungen Generation. *Digital natives* wachsen mit anderen Denkmustern und veränderten Techniken der Informationsverarbeitung auf. Diese Entwicklung ist unaufhaltsam und flächendeckend: In 98 Prozent aller deutschen Haushalte gibt es inzwischen einen PC, Tablet oder Laptop. 91 Prozent aller 12-19 Jährigen in Deutschland spielen Computerspiele am Computer, auf der Konsole, auf einem Tablet oder auf dem Handy.[1] Damit haben digitale Spiele in ihrer Ausbreitung das Medium Buch überholt.[2] In der Schule, dem wichtigsten Ort für Bildung und Sozialisation, findet diese Entwicklung jedoch noch keinen entsprechenden Wiederhall. Das Bildungssystem selbst entstammt in seinen Grundstrukturen einer analogen Welt, geschaffen und unterhalten von *digital immigrants,* auch wenn funktional nutzbare interaktive Medien wie z.B. Whiteboards inzwischen nach und nach im Klassenzimmer Zugang finden. Computerspiele als didaktisch nutzbare Unterrichtsmedien bilden jedoch bis dato lediglich ein kleines Experimentierfeld einiger medienpädagogisch progressiver PädagogenInnen. Dabei ist das didaktische Poten-zial von Computerspielen immens: Sie können Fähigkeiten zum strategischen Problemlösen vermitteln, situiertes Lernen ermöglichen, komplexe Zusammenhänge veranschaulichen und Lernprozesse motivieren.[3] Die Vorbehalte sind jedoch groß und die Standpunkte einer kritischen Medienwirkungsforschung durchaus beunruhigend. Entsteht durch die Nutzung digitaler Medien und Spiele eine neue Generation von *Digital Dementen*[4], und muss die Schule dieser Entwicklung einen Riegel vorschieben, indem sie Computerspiele strikt aus dem Kernbereich der Bildung verbannt? Das Erkenntnisinteresse der vorliegenden Arbeit zielt darauf ab, die bestehenden didaktischen Konzepte für den Einsatz von Computerspielen im Deutschunterricht[5] zu sichten, zu bewerten und auf ihre Praxistauglichkeit hin zu

---

[1] Medienpädagogischer Forschungsverbund Südwest 2015, 29.

[2] Zum Vergleich: 81 Prozent der 12-19 Jährigen lesen laut der JIM Studie Bücher, 51 Prozent tun dies regelmäßig. (ebd., 22).

[3] Vgl. Petko (2008).

[4] *Digitale Demenz* ist der Titel einer Publikation des Psychiaters Manfred Spitzer

[5] Auch in anderen Fächern sowie fächerübergreifend können Computerspiele für den Unterricht genutzt werden. Da jedoch ein Großteil der Kompetenzen, die über das Spielen vermittelt werden, in den Bereich des Deutschunterrichts fällt und die Besonderheiten von Computerspielen als fiktional-narratives Medium fachdidaktisch bis dato am weitesten verfolgt wurden, soll hier der Fokus der Betrachtung liegen.

prüfen. Gibt es bereits eine Grundlage für eine verbindliche Einführung des Mediums Computerspiel in die Kernlehrpläne und damit den Schritt hin zu akzeptierten Unterrichtsmedien? Oder lassen die existenten Konzepte darauf schließen, dass Computerspiele noch lange Zeit didaktische Science Fiction bleiben und weiterhin ein Schattendasein im Bildungssektor führen werden?

2 Theoretischer Teil

2.1 Kompetenzorientierte Computerspielbildung

Einen wichtigen Beitrag zur Systematisierung des Kulturphänomens Computerspiel und seiner Behandlungsmöglichkeiten im Unterricht leistet Matthis Kepser, indem er das Handlungsfeld Computerspiel in Anlehnung an das literaturdidaktische Grundmodell von Abraham/Kepser in seiner individuellen, sozialen und kulturellen Bedeutsamkeit beschreibt und damit einen Bezug zur geltenden Empfehlung der Kultusministerkonferenz zur Medienbildung in der Schule herstellt. Darüberhinaus definiert Kepser für die schulische Computerspielbildung vier Kompetenzbereiche: *Computerspielanalyse, Computerspielnutzung, Computerspielproduktion und –präsentation* sowie *Computerspiel in der Mediengesellschaft.* Die Kompetenzbereiche werden von Kepser weiterhin detailliert in Teilbereiche aufgebrochen und mit einzelnen Kompetenzerwartungen sehr genau beschrieben.[6]

So zerfällt beispielsweise der Kompetenzbereich *Computerspielanalyse* in die vier Teilbereiche „Computerspielgestaltung", „Computerspielgeschichte", „Genre und Genretheorie" und „Game Studies". Als Kompetenzerwartungen im Kompetenzbereich *Computerspielnutzung,* Teilbereich „Wirkung und Einfluss" formuliert Kepser beispielsweise „Einflüsse von Computerspielen auf eigene Vorstellungen und die eigene Lebensgestaltung reflektieren können;-Realität und Fiktion auseinanderhalten können" und liefert damit sowohl pragmatische als auch sinnvolle Ansatzpunkte.

Mit dieser kompetenzorientierten, sehr genauen Systematik des Kulturphänomens Computerspiel liefert Kepser einen wichtige Grundlage, um an bestehende, kompetenzorientierte Bildungsvorgaben des deutschen Schulsystems anzuknüpfen und das Medium als ernsthaften Gegenstand von schulischer Medienbildung, gleichwertig mit Buch, Film, Hörspiel etc., anzuführen. Gleichwohl räumt Kepser selbst ein, dass eine Differenzierung der Kompetenzbe-

---

[6] Vgl. Kepser (2012).

4

reiche nach verschiedenen Niveaus in seinem Modell nicht erfolgt sei, und somit eine Adaption auf schulstufenbezogene Regelstandards ausbleibe. Denn: „Ein solcher Aufwand ist gegenwärtig (leider) noch nicht der Mühe wert."[7] Somit seien die skizzierten Kompetenzbeschreibungen bisher nur als Orientierungshilfe zu sehen.

2.2 Gamification der Bildung – oder was guter Unterricht und Computerspiele gemeinsam haben

Das Konzept der Gamification beschreibt die Durchdringung vieler Lebensbereiche durch (Computer-)Spielprinzipien. Die Welt des Einkaufens, die Kommunikation mit Unternehmen und anderen Organisationen, aber auch die Organisation des Alltags wird zunehmend von Gamification bestimmt. Einen umfassenden Einblick in das Thema Gamification, die Mechanismen und Anwendungsbereiche hat Nora Stampfl[8] vorgelegt. Im Bereich der Bildung findet Gamification bereits in einigen Pilotprojekten[9] systematisch Anwendung, wie Tobias Hübner in seinem Beitrag zur Monographie „Computerspiele als Gegenstand des Deutschunterrichts" überblicksartig aufzeigt.[10] Die zentrale Idee der "Gamifying Education" Bewegung bestehe demnach darin, die wesentlichen Prinzipien des Game Designs auf Unterrichts- und Lehr-Lernarrangements zu übertragen. Das Ziel sei dabei die Maximierung der Freude am und des Engagements für das Lernen, Interesse für neue Lerninhalte zu wecken und Inspiration zu spenden diese aufrecht zu erhalten. Für die Welt der Computerspiele selbstverständliche Prinzipien, wie das unmittelbare Feedback an den Spieler durch spielinhärente Belohnungsmechanismen (im Game Design spricht man von *Achievements*), die Struktur von Spielen in unterschiedlichen, aufeinander aufbauenden Schwierigkeitsstufen oder Levels (*Leveldesign*), die spezifische Motivationsstruktur, welche durch viele kleine Etappen, die zum übergeordneten Spielziel führen, gekennzeichnet ist, können für die Gestaltung von Unterricht überaus fruchtbar sein, wenn sie erfolgreich übertragen werden. Wie eine solche Übertragung konkret aussehen kann, ist jedoch konzeptionell noch wenig ausdifferenziert. Eine Möglichkeit für einen produktionsorientierten Zugang zu Computerspielen im schulischen Kontext, bei dem Schüler*Innen selbst Spiele und interaktive Geschichten erstellen können, bieten Portale wie

---

[7] Kepser (2012), 2.

[8] „Die verspielte Gesellschaft . Gamification oder Leben im Zeitalter des Computerspiels" (2012)

[9] Zum Beispiel die „Quest to learn" Pilotschule in New York, deren Curriculum auf der Funktionsweise von Computerspielen beruht. www.q21.org

[10] Vgl. Hübner (2013)

Scratch oder *Kodu*. Mit der kostenlos zugänglichen Plattform Scratch[11], hat das Massachusetts Institute of Technology im Jahr 2007 eine erziehungsorientierte visuelle Programmiersprache für Kinder und Jugendliche inklusive ihrer Entwicklungsumgebung und einer eng verknüpften Online-Community geschaffen. Unter dem Motto „Ausdenken, Entwickeln, Teilen" kann sich hier jedeR mit den Grundkonzepten der Computerprogrammierung vertraut machen. Laut Wikipedia wird Scratch bereits an Schulen auch im deutschsprachigen Raum zunehmend eingesetzt. Es gibt regelmäßige Scratch-Konferenzen und eine Online Community für LehrerInnen und andere AusbilderInnen[12], die sich über ihre Bildungsarbeit mit Scratch, sowie Unterrichtsmaterialien und Projekte austauschen. Schaut man sich hier um, findet man jedoch für den deutschsprachigen Raum noch deutlich weniger Aktivitäten als für den anglo-amerikanischen Sprachraum. Auch wenn der Fokus hier auf der Handhabung von Programmierung liegt, bietet das Portal unzählige Möglichkeiten, Computerspiele im Unterricht sinnvoll anzubinden, in dem man sich mit ihrer Konzeption und Kreation, und somit auch ihren inhärenten Strukturmerkmalen befasst. Für Lehrkräfte bietet sich so die Gelegenheit, sich mit den Strukturprinzipien von Computerspielen vertraut zu machen und gemeinsam mit den SchülerInnen, die durch ihre Spielerfahrung eine gewisse Expertise mitbringen, zu lernen. Was jedoch noch nicht vorhanden ist, ist ein systematisches didaktisches Konzept – dieses wäre für den produktionsorientierten Gamification Ansatz im deutschsprachigen Raum noch zu erarbeiten.

2.3 Die ludologische und die narratologische Perspektive

So wie in Computerspielen immer wieder das Phänomen der *ludo-narrativen Dissonanz* auftritt, welches meint, dass es zu Konflikten zwischen der Progression der Spielhandlung bzw. der Storyereignisse einerseits und des Gameplays andererseits kommen kann, und so die Narration bisweilen von ludischen Anreizen unterwandert wird[13], so gibt es innerhalb des akademischen Diskurses über Computerspiele, den Game Studies, ebenso eine erhebliche Dissonanz: Die beiden widerstreitenden bzw. theoretischen Perspektiven der NarratologInnen und der LudologInnen konkurrieren seit Anbeginn miteinander. Erstere sehen Computerspiele

---

[11] online unter: https://scratch.mit.edu/

[12] online unter: http://scratched.gse.harvard.edu/

[13] Ein bekanntes Beispiel für das Auftreten von ludo-narrativer Dissonanz ist das Game *Bioshock*, welches auf der ludischen Ebene vom Spieler eigennütziges Handeln verlangt, um erfolgreich zu sein, auf der narrativen Ebene aber Altruismus als Thema und Ziel der Storyhandlung verfolgt. Diese Dissonanz erlebt der Spieler als eine Zerrissenheit, die ihn vom Spiel entfremdet und distanziert, also das Prinzip der Immersion aufhebt und konterkariert.

im Kern als narrative Medien an, und forcieren somit eine Ausweitung des literarischen Gattungsbegriffs auf Computerspiele sowie die Nutzung literaturwissenschaftlicher und erzähltheoretischer Analyse- und Interpretationsansätze. Die LudologInnen dagegen sehen das Prinzip der Simulation, des "als ob" Agierens als Kern jeden Spiels. Espen Aarseth, der diese Grundsatzdebatte maßgeblich auf Seiten der LudologInnen geführt hat, sieht in der Simulation jedoch das hermeneutische Gegenstück zur Erzählung. Spiel sei im Vergleich zu vorgeplanter Literatur emergent, Wissen und Erfahrung würden vom Spieler durch Aktionen und Strategien erzeugt, anstatt von der SchriftstellerIn nachgebildet zu werden. Jedoch räumt Aarseth auch ein, dass es unter den Computerspielen zumindest ein hybrides Genre gebe, das auf Grund seiner Struktur durchaus als narrativ bezeichnet werden könne: Das Adventure Game. Dieses stoße jedoch häufig aufgrund der zuvor beschriebenen ludo-narrativen Dissonanzen auf Konflikte und ästhetische Probleme durch gegensätzliche Ziele von Handlung und Gameplay.[14]

Die Kontroverse zwischen den beiden theoretischen Perspektiven spiegelt sich auch in den bis dato vorliegenden didaktischen Ansätzen wieder. Diese können meist relativ klar der einen oder der anderen Schule zugeordnet werden, da sich noch keine Integration der beiden Perspektiven in einem didaktischen Ansatz abzubilden scheint. Wie im Folgenden gezeigt wird, sind dabei die narratologisch geprägten didaktischen Ansätze jedoch bisher was eine pragmatische Nutzung für den Schulunterricht angeht schon weiter gediehen.

2.4 Literarästhetisches Verstehen von Texten und Computerspielen – die ludologische Perspektive der Computerspieldidaktik

Ulrich Wechselberger und Jessica Gahn liefern einen durchaus aufschlussreichen Beitrag zur Computerspieldidaktik aus ludologischer Perspektive. Ausgehend von der These, dass in Computerspielen weniger die Elemente erzählender Repräsentation sinnstiftend seien, sondern das Gameplay, also die Spiellogik den Ausschlag dafür gebe, dass ein Spieler einer Spielszene Bedeutung verleihen kann, ziehen sie eine Parallele zwischen den Verstehensleistungen, die für die Rezeption literarischer Texte und für das Verständnis von Computerspielen notwendig sind. Beim Computerspiel verweise die Ebene der Spiellogik symbolisch auf die Ebene der erzählenden Repräsentation. Diese sei von der alltagsweltlichen Bedeutung befreit. Es gelte wie bei literarischen Texten die Ästhetikkonvention. Literarische Texte wie auch Computerspiele würden von der LeserIn/SpielerIn somit in ihrer Eigenweltlichkeit begriffen.

---

[14] Vgl. Aarseth (2004)

Auf abstrakter Ebene laufen laut Wechselberger und Gahn hier dabei dieselben Prozesse ab, weshalb sich Computerspiele bedingt auch zur Förderung des ästhetischen Verständnisses von literarischen Texten nutzen ließen. Diese theoretische Annahme haben die AutorInnen erfolgreich überprüft, in dem sie eine Taxonomie textverstehender Operationen nutzen, um Verstehensleistungen von SchülerInnen bezüglich eines literarischen Kurztextes und einer Computerspielsequenz zu vergleichen. Ein theoretischer Rahmen für die Übertragbarkeit von Verstehenskompetenzen zwischen literarischen Texten und Computerspielen ist somit geschaffen, inwiefern sich diese Verstehenskompetenzen jedoch tatsächlich transferieren lassen, ist jedoch noch unerforscht, da diese Kompetenzen jeweils situationsspezifisch erworben werden. Mit ihrem Beitrag liefern die AutorInnen dennoch eine wichtige theoretische Grundlage für eine didaktisch fundierte Nutzung von Computerspielen im Deutschunterricht, jedoch noch kein für den Unterricht nutzbares Konzept.

2.5 Literarisches Lernen mit narrativen Computerspielen

Jan Boelmann ist ein Vertreter des narratologischen Ansatzes. Er macht sich stark für einen pragmatischen computerspieldidaktischen Ansatz, der möglichst konkret an die bestehenden Curricula anknüpft, denn einzig im Nachweis ihrer Nützlichkeit bezüglich der Lehrpläne sieht Boelmann eine Chance, wie Computerspiele in absehbarer Zeit zu einem respektierten Unterrichtsmedium werden könnten. Boelmann hat einerseits mit seiner Dissertation „Literarisches Verstehen mit narrativen Computerspielen" bereits einen empirischen Nachweis dafür geliefert, dass Computerspiele von ihren Grundpotenzialen her literarischen Texten nicht nachgeordnet werden müssen, sondern gerade für literaturferne SchülerInnen einen wichtigen Beitrag zum Erwerb literarischer Kompetenzen liefern können und somit eine Brückenfunktion haben.

Zum anderen hat er in einer bereits vor der Dissertation erschienenen Publikation ein pragmatisch relativ gut nutzbares Konzept für eine kompetenzorientierte Computerspieldidaktik[15] vorgelegt, in dem er die elf Aspekte literarischen Lernens nach Kaspar H. Spinner[16] und den Erwerb dieser Kompetenzen als Bindeglied zwischen Literatur und Computerspiel nutzt. Ausgehend von der Annahme, dass Spinners elf Aspekte zwar für Literatur spezifisch sind, literarisches Lernen sich aber auch an anderen narrativen Rezeptionsformen wie zum Beispiel Film oder Computerspiel vollziehen lasse, und unter der Einschränkung auf eine Auswahl von

---

[15]Titel des Aufsatzes ist „Literarisches Lernen mit narrativen Computerspielen" (2010)

[16] erschienen in Praxis Deutsch 200 (2006)

Computerspielen, die im engeren Sinne als narrativ gelten können[17], schließt Boelmann für seinen Ansatz die Betrachtung der ludischen Aspekte des jeweiligen Spiels kategorisch aus. Einzig die narrativen Elemente sollen im schulischen Kontext betrachtet werden, und zwar auf Basis eines klassischen literaturanalytischen Zugangs, bei dem alle elf Aspekte Spinners die Basis für Untersuchungsstrategien am Computerspiel und seiner Narration darstellen. So gilt es zum Beispiel für die Kompetenz „Perspektiven literarischer Figuren nachvollziehen" für die Hauptfiguren des Computerspiels Figurenexposition anzufertigen, und diese dann in ihrer Charakterentwicklung, und als Teile von Figurenkonstellationen und Beziehungsgeflechten zu untersuchen. Auch analytische Arbeiten zum Aspekt „narrative und dramaturgische Handlungslogik verstehen" sind bezüglich der Erzählstruktur von Computerspielen, ihrer (begrenzten) Interaktivität bzw. nicht-linearen Handlungsführung und den verschiedenen Perspektiven der Protagonisten bzw. Avatare möglich. Inwiefern das von Boelmann vorgeschlagene Konzept der Arbeit mit den Aspekten literarischen Lernens nach Spinner wirklich so flexibel funktioniert, wie er selbst das in seinem Artikel postuliert, soll im praktischen Teil dieser Arbeit anhand einiger (anderer als der oben genannten) Aspekte literarischen Lernens und unabhängig von den von Boelmann selbst angeführten Spielen anhand eines eigens ausgewählten Beispiels überprüft und konkretisiert werden.

2.6 Status Quo in der Praxis: Lehrplananbindung und bestehende Ressentiments

Computerspiele als verbindliche Unterrichtsmedien sind in den deutschen Lehrplänen bis dato lediglich marginal vorhanden. In Schulbüchern sind computerspielzentrierte Ansätze aktuell entsprechend ihrer Ausrichtung an den Lehrplänen so gut wie nicht vertreten.[18] Was die Lehrerausbildung angeht, so hängt die akademische Thematisierung der jungen Disziplin Computerspieldidaktik eng mit den Forschungsschwerpunkten des jeweiligen Personals der didaktischen Fachbereiche der Hochschulen zusammen. Am Zentrum für Lehrerbildung der FU Berlin herrscht derzeit in der Lehre Abwesenheit von Games.[19] Zwar ist Medienkompetenz als übergeordnetes Ziel in den Lehrplänen verankert, ausdrücklich erwähnt werden Games in den Curricula aber nur sehr selten, so zum Beispiel im Kernlehrplan Deutsch für

---

[17] Als narrative Computerspiele definiert Boelmann in Anlehnung an Hans Joachim Backes *Erzähltheorie des Computerspiels* (2008) „Spiele, die eine durch das Spielgeschehen und über die Rahmenhandlung hinaus vorher festgelegte Geschichte erzählen."

[18] Vgl. Kepser (2013), 16.

[19] Diese Erkenntnis fußt auf Sichtung des aktuellen Vorlesungsverzeichnisses für den Fachbereich ZFL der FU Berlin.

alle Schulformen des Sekundarbereichs des Bundeslandes Nordrhein-Westfalen, wo im Bereich „Umgang mit Sachtexten und Medien" die Kompetenz „zwischen Wirklichkeit und virtuellen Welten in Medien unterscheiden können", postuliert wird, und dabei Computerspiele neben Fernsehserien als Beispiele für virtuelle Welten ausdrücklich erwähnt werden.[20] Laut einer qualitativen Analyse von Lehrplänen in einer Studie der Landesanstalt für Medien ergeben sich jedoch durchaus weitere thematische Anknüpfungspunkte.[21] In der selben Studie wurde zudem ein *Best Practice Kompass* veröffentlicht, der 91 von den AutorInnen als empfehlenswert erachtete Materialien enthält, die auf Computerspiele und virtuelle Welten bezogene Inhalte für den Unterricht fachspezifisch aufbereiten, darunter auch zahlreiche Quellen für den Deutschunterricht. Diese Materialsammlung beinhaltet jedoch nur zum geringeren Teil konkrete Unterrichtsmaterialien, bei denen die Einbindung eines Computerspieles im Unterricht selbst im Zentrum steht.[22] Diese Materialsammlung ist für den deutschsprachigen Raum sicher die umfangreichste und wurde mittels einer eigens entwickelten Systematik auch nach methodischen und didaktischen Kriterien sinnvoll kategorisiert und damit für die praktische Nutzung als Fundus für Lehrkräfte aufbereitet. Dennoch erschießt sich auch hieraus noch kein übergreifendes didaktisches Konzept.

Der Deutschlehrer Tobias Hübner betreibt darüber hinaus in Eigenregie einen Blog für „Innovative Unterrichtsmaterialien für das digitale Zeitalter"[23], auf dem er Materialsammlungen unter anderem zum didaktischen Einsatz von Computerspielen im Unterricht veröffentlicht. Dennoch ist – so zumindest die These, die auch in der hier verwendeten einschlägigen Literatur mehrfach vertreten wird – die praktische Nutzung solcher durchaus bestehenden Angebote in der deutschen Schullandschaft noch nicht besonders verbreitet sondern beschränkt sich auf einen kleinen Teil von PädagogInnen, die besonders progressiv arbeiten und vermutlich selbst bereits mit Computerspielen sozialisiert wurden, also zumeist jüngeren Alters sind. Der größere Teil der Lehrerschaft hält sich an die Lehrpläne und zementiert damit an die Abwesenheit von Games im Schulunterricht. Nicht wenige dieser LehrerInnen vertreten dem neuen Medium gegenüber wahrscheinlich eine (oder mehrere) der drei abwehrenden Positionen, die E. Bieger und H. Moser als „bewahrpädagogische Ablehnung, moralpädagogische Missbilligung

---

[20] Vgl. Kernlehrplan für den verkürzten Bildungsgang des Gymnasiums – Sekundarstufe I (G8) Deutsch, 18.

[21] Fileccia, Fromme & Wiemken (2010), 52f.

[22] Es handelt sich um den „Best Practice Kompass Computerspiele im Unterricht der Landesanstalt für Medien (2010)

[23] unter der Adresse: www.medienistik.de

und kulturpessimistischen Vorbehalt" bezeichnet haben, und welche sich laut der beiden Autoren nahezu stereotyp bei der Einführung aller neuen Medien wiederholen.[24] Alle drei dieser ablehnenden Positionen und die entsprechenden Argumente finden sich auch in der, bisweilen hitzigen öffentlichen Debatte um Wohl oder Übel von digitalen Medien und speziell Computerspielen und ihren Auswirkungen auf die junge Generation wieder. Der Psychiater Manfred Spitzer als vehementer und genereller Gegner von digitalen Medien schürt diese Debatte mit provokanten Publikationen mit Bestsellerstatus wie „Cyberkrank" oder „Digitale Demenz", er hält zum Thema bundesweit Vorträge in Schulen, Kindergärten und anderen öffentlichen Einrichtungen und erreicht mit seinen vehementen Botschaften einen großen Teil der Bevölkerung, auch die Lehrerschaft. Seine zentrale Thesen sind so schlicht wie falsch: Digitale Medien machen Kinder laut Spitzer dumm und süchtig. Zwar wird Spitzer in der Presse und in der akademischen Szene stark kritisiert, da er dogmatisch, einseitig und populistisch argumentiere. Dennoch finden er und andere VertreterInnen solcher bewahrpädagogischer, kulturpessimistischer und moralischer Ressentiments gegenüber den Neuen Medien auch ein stabiles Echo in der Öffentlichkeit, was Veränderungen innerhalb der Lehrpläne zu Gunsten von Computerspielen im Unterricht seitens der Kultusadministration kurzfristig eindeutig erschwert und behindert.

3 Praktischer Teil

3.1 Mit „Limbo" prototypische Vorstellungen eines Genres gewinnen, und sich auf die Unabschließbarkeit des Sinnbildungsprozesses einlassen, und symbolische und metaphorische Ausdrucksweise verstehen lernen

3.1.1. Spielbeschreibung

„Limbo" ist ein im Jahr 2010 veröffentlichtes Jump & Run Computerspiel. Die wortlose Narration ist extrem minimalistisch und lässt Vieles offen. Zu Beginn erwacht der Protagonist, ein kleiner namenloser Junge in einem dunklen Wald. Er sucht seine Schwester, die im Limbus, dem äußeren Kreis der Hölle verschwunden ist. Diese verhältnismäßig konkrete Information zur Prämisse des Plots wird lediglich extern durch die Entwickler in der Beschreibung des Spiels, nicht durch das Spiel selbst gegeben. In diesem wird nur bildlich gesprochen, es gibt weder auditive noch textuelle Botschaften. Der Junge also steht auf, und

---

[24] Bieger und Moser zitiert nach Lecke, Bodo: „Medienpädagogik, Literaturdidaktik und Deutschunterricht" in: Kämper van den Boogart (Hrsg.) Deutschdidaktik (2014), 50

läuft los. Er klettert auf Leitern, er springt über Abgründe, verschiebt Kisten, weicht Fallen aus. Niemand spricht mit ihm, er hat keinen Namen, er ist allein in dieser Welt. Übermächtige Gegner und gefährliche Fallen erwarten ihn, der Junge weicht aus oder überwindet sie durch Mut und Geschick, ohne aggressiven Kampf. Schafft er, bzw. die sie steuernden SpielerIn es nicht, stirbt der Junge jedes Mal einen grausamen Tode, danach springt die Handlung zurück an den Punkt kurz vor dem Tod und die SpielerIn kann versuchen, den Jungen das Hindernis bzw. den Gegner unbeschadet überwinden zu lassen. An einem Punkt seiner Reise trifft er auf eine weibliche Figur, diese aber verschwindet bevor er sie erreichen kann. Aus dem Wald mit einem übergroßen Spinnenmonster wird nach und nach eine fabrikartige, großstädtischen Umgebung, in der alles auseinanderfällt. Die Welt präsentiert sich grau und düster, mit filmischen Lichteffekten und einem minimalen Sounddesign, das mit zu der extrem beklemmenden und fesselnden Atmosphäre beiträgt.

3.1.2 „Limbo" im Deutschunterricht

Wie kann nun dieses Game mittels der Aspekte Spinners zum literarischen Lernen im Deutschunterricht eingesetzt werden?

Zunächst eignet sich das Game, um sich mit dem Genrebegriff zu beschäftigen und *prototypische Vorstellungen eines Genres zu gewinnen*. Dabei sollten SchülerInnen die typischen Elemente des Spiels identifizieren und diese in Beziehung zu literarischen oder filmischen Genres setzen. Als filmische Beispiele bieten sich hier Film noir und der Expressionismus an. Als literarische Vorbilder können die Schauerromantik und auch bestimmte Märchen herangezogen werden und diese in Ausschnitten mit dem Game und seinen prototypischen Elementen wie die düstere Atmosphäre und die auf Spannung angelegte Handlung verglichen werden. Um eine Genre- und Gattungsdidaktik zu verfolgen, in der eine alltagstaugliche und ganzheitliche Kompetenz bezüglich Gattungen und Genres erlangt wird, ist es meines Erachtens gerade sinnvol,l medienübergreifend zu arbeiten und die Schüler nicht an allzu starre Kataloge bezüglich der Gattungsmerkmale einzelner Medien heranzuführen. Denn dieses Wissen spielt nicht nur in der Welt der Literatur eine Rolle, sondern begegnet heute in allen möglichen Kommunikationsformen von Werbung bis hin zu Film und Design. Das Spiel mit Genreelementen, das Zitat und der Mix sind heute oft ausschlaggebender als die lupenreine Bedienung von Genrekonvention. Ein interdisziplinär erworbene literarische Genrekompetenz, die auf literarische Texte wie auch auf andere mediale Formen anwendbar ist, sollte zukünftig eine rein Literaturbezogene Genredidaktik ablösen, um zukunftstauglich und lebensdienlich zu sein. Computerspiele können hierfür einen wichtigen Beitrag leisten.

Desweiteren eignet sich Limbo zum literarischen Lernen, da das Game SchülerInnen zwangsläufig anregt, sich *auf die Unabgeschlossenheit des Sinnbildungsprozesses einzulassen*. Die Erzählung in Limbo ist offen und minimalistisch gehalten, regt aber zugleich dazu an, Deutungsversuche zu machen. So finden sich in Rezensionen und Online Foren zum Spiel zahlreiche Interpretationsansätze. Die Website http://limbo.wikia.com/wiki/Story_Theories bietet zahlreiche Deutungsansätze an, welche die minimalistische Story und ihre offenen Stellen und v.a. das Ende jeweils in ganz unterschiedliche Richtung auslegen. Im Unterricht könnten SchülerInnen ihre eigenen Interpretationen anfertigen und diese miteinander und ggf. mit den online kursierenden Deutungsansätzen vergleichen. Da diese voraussichtlich sehr unterschiedlich ausfallen werden, bietet sich so ein guter Anlass die Unabschließbarkeit des Sinnbildungsprozesses zu thematisieren und auch produktionsorientiert durch das Schreiben eigener Interpretationen zu behandeln, die auch im Internet veröffentlicht werden können. Zudem kann das Spiel auch mit bedeutungsoffenen literarischen Texten verglichen werden, die ebenfalls zahlreiche verschiedene Deutungen provoziert haben.

Eine dritte, mit der zuvor erwähnten in Beziehung stehende literarische Kompetenz, die sich mit Limbo trainieren lässt, ist das *Verstehen metaphorischer und symbolischer Ausdrucksweise*. Denn die Bildsprache des Spiels ist hochgradig symbolisch-metaphorisch aufgeladen und lädt ein, sich mit der Bedeutungsanreicherung zu beschäftigen, die ein Schauplatz wie der Wald (im Märchen Ort der Gefahr und der Bewährung) oder der übergroßen Spinne als Antagonist (Repräsentation von eigenen Ängsten) des kleinen Jungen auf literarischer Ebene bietet. Auch hierzu kursieren im Netz diverse Theorien, aber auch eine rein textimmanente Betrachtung ist möglich. In einer eigenen und stimmigen Deutung der Symbolik und Metaphorik erschließt sich auch der minimalistische und zugleich vieldeutige Plot. Das Game eignet sich, um sowohl einen kompetenten Umgang mit tradierter Symbolik zu schulen, als auch die werkimmanente Auslegung von Symbolen und Metaphern zu trainieren.

Damit haben sich bereits drei Aspekte literarischen Lernens als fruchtbare und konkrete Ansätze, sich mit dem Computerspiel „Limbo" im Deutschunterricht zu beschäftigen, ergeben. Dringend zu beachten ist dabei die USK 16, die das Spiel lediglich für einen Einsatz in der Sekundarstufe II empfiehlt. Es ist davon auszugehen, dass sich für zahlreiche, ganz unterschiedliche narrative Computerspiele jeweils mehrere Aspekte literarischen Lernens auf konstruktive Weise zur Bearbeitung im Unterricht eignen.

4 Fazit und Ausblick

Der didaktische Einsatz von Computerspielen im Schulunterricht, speziell im Deutschunterricht, kann, wenn er kompetenzorientiert durchgeführt wird, schon jetzt curriculare Ziele für das Fach Deutsch erfüllen. Dies geschieht auch schon in deutschen Klassenzimmern, allerdings nur in Einzelfällen und ausgehend von progressiven Lehrkräften mit einer medienpädagogischen Positionierung, die im besten Fall der „produktionsorientierten Anwendung" mindestens aber der „kritischen Auseinandersetzung" oder der „handlungsorientierten Bewältigung" im Sinne der zuvor zitierten Abfolge von Bieger und Moser gegenüber dem neuen Medium Computerspiel entsprechen. Für produktionsorientierten Unterricht eignen sich insbesondere die Methoden und Angebote der „Gamifying Education" Bewegung und die Einbeziehung von offenen, bildungsorientierten Entwicklungsumgebungen wie *Scratch*. Mit dem methodischen Vorschlag von Boelmann, die elf Aspekte literarischen Lernens an narrativen Computerspielen anzuwenden, können auch PädagogInnen, die weniger computerspielaffin sind, fundiert und kompetenzorientiert mit Games im Deutschunterricht arbeiten. Was noch fehlt, ist ein didaktischer Ansatz, der die ludischen und die narrativen Aspekte von Spielen integriert und nicht das eine oder das andere in den Vordergrund stellt bzw. ausblendet. Daher kann der Ansatz von Boelmann, der sich einzig auf die narrative Ebene von Spielen bezieht, auch nicht der letztgültige, zukunftsweisende Ansatz für eine ganzheitliche Computerspieldidaktik sein. Aber für den jetzigen Zeitpunkt scheint er doch zumindest praxistauglich zu sein, da er an die Kompetenzorientierung aktueller Lehrpläne anknüpft. Zurückführend auf die eingangs formulierte Fragestellung komme ich zu der Einschätzung, dass eine verbindliche Einführung von Computerspielen als verbindliche Unterrichtsmedien noch geraume Zeit dauern wird, da den Spezifika des Mediums gerecht werdende didaktische Konzepte noch ein Desiderat darstellen. Nichtsdestotrotz haben Medienendidaktiker wie Kepser mit seiner grundlegenden kompetenzorientierten, systematisierten Computerspieldidaktik, die Vertreter des Gamifying Education Ansatz mit ihren Pilotprojekten und offenen Infopools, sowie die genannten engagierten Didaktiker mit ihren theoretischen und empirischen Beiträgen zur didaktischen Wirksamkeit von Computerspielen sowie einem ersten praktisch nutzbaren Konzept wie der Ansatz Boelmanns bereits ein gutes Stück des Weges gangbar gemacht und somit die didaktische Science Fiction zu einem Teil schon in Realität verwandelt. Mit sich mehrenden positiven Erfahrungen in Lehr-Lernsituationen und weiterer didaktischer Forschungs- und Grundsatzarbeit wird das Computerspiel als Unterrichtsmedium eines Tages so normal sein wie heute Goethes Faust.

Literaturverzeichnis

Aarseth, Espen (2004): *Genre Trouble. In: Electronic Book Review.*
http://www.electronicbookreview.com/thread/firstperson/vigilant (3.3.2016)

Fileccia, Marco, Fromme, Johannes & Wiemken, Jens: *Computerspiele und virtuelle Welten als Reflexionsgegenstand von Unterricht. LfM Dokumentation Band 39* Düsseldorf: Landesanstalt für Medien 2010

Hübner, Tobias: *Gamifying Education – über die Kollision von Schule und Computerspiel. In: Boelmann, Jan M. und Seidler, Andreas: Computerspiele als Gegenstand des Deutschunterrichts.* Frankfurt: Peter Lang Edition 2013.

Kepser, Matthis (2012): *Computerspielbildung. Ein kompetenzorientiertes Konzept für die Schule. www.medienistik.wordpress.de (26.2.2016)*

Lecke, Bodo: *Medienpädagogik, Literaturdidaktik und Deutschunterricht.* In: Kämper van den Boogart (Hrsg.): *Deutschdidaktik.* Berlin: Cornelsen 2014.

Medienpädagogischer Forschungsverbund Südwest: *JIM Studie 2015. Jugend, Information, (Multi-) Media.* Stuttgart: Landesanstalt für Kommunikation Baden-Württemberg 2015.

Petko, Dominik (2008): *Unterrichten mit Computerspielen. Didaktische Potenziale und Ansätze für den gezielten Einsatz in Schule und Ausbildung. In: Medienpädagogik Themenheft Nr. 15/16. Computerspiele und Videogames in formellen und informellen Bildungskontexten. www.medienpaed.com (25.2.2016)*

Prensky, Marc (2001): *Digital Natives, Digital Immigrants. www.marcprensky.com (25.2.2016)*

Spinner, Kaspar H. (2006): *Literarisches Lernen.* In: Praxis Deutsch. Zeitschrift für den Deutschunterricht/200. Seelze: Friedrich Verlag 2006